7

U0874637

供电企业生产技能人员标准化作业培训教材

KYN28型高压开关柜检修

福建省电力有限公司　组编

输变电

中国电力出版社
CHINA ELECTRIC POWER PRESS

内 容 提 要

本册书是按照《供电企业生产技能人员标准化作业培训教材》体系的要求，结合生产实际编写而成。本册书共分为两大部分，主要从10kV开关柜检修的作业描述、工作流程、工作质量标准、风险点分析等方面予以详细阐述，结合实际作业案例进行分析，并附实际作业案例相关的标准化文本，本书以KYN28型高压开关柜配ZN21断路器为例。

本册书作者都是长期从事电力生产一线的员工，有较为丰富的现场实际经验，所列举的案例也是实际生产过程中所发生的，具有较强的生产现场指导意义。本册书可作为供电企业电网变配电工作人员的培训教学用书，也可作为电力职业院校教学参考用书。

图书在版编目（CIP）数据

供电企业生产技能人员标准化作业培训教材. 输变电/福建省电力有限公司组编. —北京：中国电力出版社，2012.12
ISBN 978-7-5123-3810-4

Ⅰ. ①供…　Ⅱ. ①福…　Ⅲ. ①供电－工业企业管理－标准化管理－中国－技术培训－教材　②输电－电力系统－技术培训－教材　③变电所－电力系统－技术培训－教材
Ⅳ. ①F426.61

中国版本图书馆CIP数据核字（2012）第287838号

中国电力出版社出版、发行
（北京市东城区北京站西街19号　100005　http://www.cepp.sgcc.com.cn）
北京九天众诚印刷有限公司印刷
各地新华书店经售
*
2013年1月第一版　　2013年1月北京第一次印刷
787毫米×1092毫米　16开本　84印张　1766千字
全册定价 **232.00** 元

编　委　会

主　　任　张　磊

副 主 任　陈卫中　李功新

成　　员　叶继宏　郑佩祥　黄文英　金昌榕　于建龙

任晓辉　邱兴平　陈大凤　张　荣　洪西卿

姚　亮　林　平　宋福海　连纪文　罗　松

林　宇　林　贇

编　写　组

主　　编　李功新

副 主 编　叶继宏　金昌榕　陈大凤　张　荣

编写组组长　林　平

成　　员（按姓氏笔画排序）

王全兴　王恒山　叶立群　叶色亮　朱　菁

庄　严　庄沪生　刘志平　严有祥　李　春

李　超　李勇明　李积捷　李萌峰　杨文陵

杨志豪　杨建平　杨毓庆　连鸿松　肖颂勇

吴　达　吴志成　吴奇宝　吴辉煌　吴簪麟

邱振敏　沈明松　沈谢林　张绍明　陈　影

陈艺鑫　陈日坤　陈祥舒　陈朝晖　陈德兴

林　衡　林一泓　林志敏　林志强　林轶群

林海渊　欧世尧　欧永连　罗　松　罗　毅

金建宁　郑哲人　郑雄俊　郑黎斐　赵道阳

施　纬　施广宇　洪西卿　钱志立　翁晓锋

涂恩来　黄　亮　黄国敏　董　磊　傅智为

潘晨曦

前言

preface

为了更好地服务"五大"体系建设，提升生产技能人员良好的"职业化"行为习惯，建立与现场标准化作业生产环境一致的培训课程体系，福建省电力有限公司以现场标准化作业指导书为蓝本，组织开展生产技能标准化作业培训教材的编写工作。为确保教材的编写质量和进度，由总工程师李功新主抓此项工作，多次召集工作协调会，定期听取编写进度汇报；人力资源部负责教材编写的组织工作，运维检修部、科技信通部和调度控制中心负责教材编写的具体工作，福建省电力有限公司和基层单位技术专家组成教材编写与审定小组，公司培训中心负责教材编写框架和编写规范的制订、编写进度跟踪及其他协调工作。

本套教材集中了福建省电力有限公司众多专家学者的智慧，采用了全新的组织架构，突出了基于现场标准化作业的培训特色。本套教材分为配电专业、输变电专业和二次专业三本书，包括 91 项现场标准化作业项目（子分册），具有很强的针对性和实用性。各项目（子分册）分为两部分：第一部分介绍了各项目的工作流程、工作质量标准与控制、危险点分析与预控、管理与记录要求、作业案例等；第二部分罗列了标准化作业指导书等标准化作业文本，并结合第一部分的作业案例说明了标准化文本的填写规范。部分项目（子分册）还在附录部分对设备等内容进行了说明。

其中，配电专业分为架空线路、配电设备、计量装置及其他设备，由福建省电力有限公司运维检修部高级工程师姚亮担任编写组长，福州电业局、厦门电业局、莆田电业局、泉州电业局、漳州电业局、龙岩电业局、三明电业局、南平电业局、宁德电业局、福清电力公司、石狮电力公司、晋江电力公司、南安电力公司、长乐电力公司等单位的专家参与编写工作。输变电专业分为开关类、线圈类和架空线路及电缆，由福建省电力有限公司运维检修部高级工程师林平担任编写组长，福建省电力科学研究院、检修分公司、福州电业局、厦门电业局、莆田电业局、泉州电业局、漳州电业局、龙岩电业局、三明电业局等单位的专家参与编写工作。二次专业分为继电保护、综合自动化、直流系统和电力通信，由福建省电力有限公司调度控制中心高级工程师宋福海、科技信通部高级工程师连纪文担任编写组长，福建省电力科学研究院、检修分公司、信息通信分公司、福州电业局、厦门电业局、莆田电业局、泉州电业局、龙岩电业局、三明电业局、南平电业局等单位的专家参与编写工作。

本册由福建省电力有限公司运维检修部林平担任编写组长，莆田电业局张绍明、三明电业局李勇明等编写；福建省电力科学研究院林一泓主审，龙岩电业局邱振敏、施纬、福建省电力检修公司赵道阳、福州电业局李积捷、翁晓锋、厦门电业局黄亮、泉州电业局庄严、福建省电力科学研究院傅智为、三明电业局郑黎斐、吴辉煌等参审。

本教材在编写、审定过程中得到了福建省电力有限公司有关单位领导和专家的大力支持和帮助，在此一并感谢。同时，也感谢中国电力出版社的大力支持。

由于编者能力所限及编写时间仓促，难免存在疏漏之处，恳请各位专家和读者提出宝贵意见。

contents 目录

第一部分 标准化作业培训

1　作业描述

根据 10kV 高压开关柜检修的标准化作业指导书的内容，介绍该类型开关柜的检修工作流程和质量标准要求。通过流程介绍和列表说明，掌握该类型开关柜检修所需工器具、材料、工作流程、质量标准、作业中的危险点预控、操作步骤、管理要求等内容。本作业以 KYN28-12 型开关柜配 ZN21-12 型断路器为例。

2　工作流程

10kV 开关柜检修的工作流程如图 1-1 所示。

3　工作质量标准与控制

3.1　引用标准

GB/T 3906—2006　《3.6kV～40.5kV 交流金属封闭开关设备和控制设备》
GB 50150—2006　《电气装置安装工程电气设备交接试验标准》
GB 50147—2010　《电气装置安装工程：高压电器施工及验收规范》
GB/T 2951.14—2008　《电缆和光缆绝缘和护套材料通用试验方法》
DL/T 593—2006　《高压开关设备和控制设备标准的共用技术要求》
DL/T 404—2007　《3.6kV～40.5kV 交流金属封闭开关设备和控制设备》

3.2　质量控制

3.2.1　润滑工艺要求

润滑前，应对传动部位零部件进行清洗，再均匀涂抹适量的优质二硫化钼锂基润滑脂，禁止戴棉制手套和使用毛刷。

3.2.2　接触面处理工艺要求

导电接触面镀银层用清洗剂清洗干净，非镀银导电接触面用 0 号砂纸砂光后清洗干净。

3.2.3　检查覆铝锌层

检查覆铝锌层应不起皮。

3.2.4　绝缘件检查要求

绝缘件表面清洁、无破损、无裂纹、无放电痕迹。

3.2.5　螺栓打力矩工艺要求

除非有特殊要求，否则均按附录 A 要求打力矩。

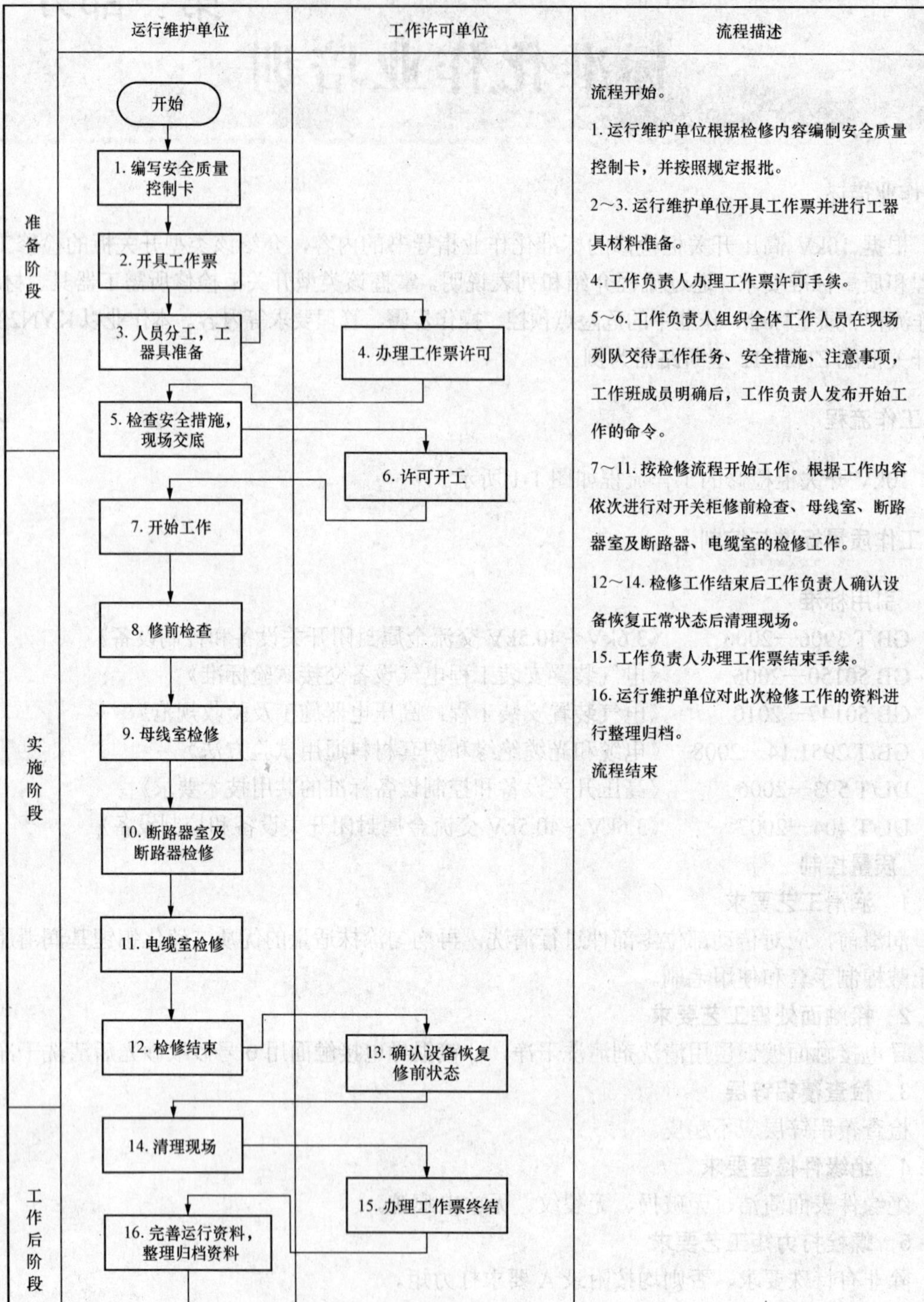

图 1-1　10kV 开关柜检修的工作流程图

4 安全风险分析与预控

4.1 危险点1：防触电

事故案例

5月15日，××电业局检修人员进行110kV ××变电站10kV设备年检，检修工作负责人谭××对刚×等9名工作人员进行班前“三交”后作业开始，工作班成员刚×失去监护后擅自移开3X24 TV开关柜后门所设遮栏，卸下3X24 TV开关柜后柜门螺栓，并打开后柜门进行清扫工作时，触及3X24 TV开关柜内带电母排，造成一起检修人员误入带电间隔触电人身死亡事故。

防范措施

作业人员攀登设备构架、杆塔前，应认真核对设备名称、编号、位置，检查现场安全措施无误后方可开始。

4.2 危险点2：工作范围不明确，接线方式不清易触电

事故案例

5月6日，某工程公司检修小组负责人黄××对110kV ××变电站35kV Ⅰ段母线TV小修及预防性试验工作。10:15，蔡××在柜前检查35kV Ⅰ段母线电压互感器，黄××擅自超出工作票规定的工作范围，超越围栏，自行打开35kV Ⅰ段母线TV间隔的后柜门，当接近与35kV母线直接连接的母线避雷器时，发生触电死亡。

防范措施

高压开关柜、环网柜内部工作时，应核对柜内设备接线方式，确认柜内带电部位已有效隔离，能确保安全的情况下方可开展工作。

4.3 危险点3：不按规定随意解锁

事故案例

3月28日，××供电有限责任公司检修人员在未办理工作票的情况下，处理10kV瓦尔电站线隔离刀闸位置信号与设备实际状态不对应的缺陷，工作中工作班成员将开关柜门五防机械连锁销拨至关门状态，擅自违规解除柜门机械连锁，拉开接地开关，合上9751隔离开关，进入开关柜检查辅助接点时，头部触及带电部位，造成一起人身触电死亡事故。

防范措施

防误装置异常解锁、检修解锁、事故紧急解锁，必须经审批后方可操作。

5 管理与记录要求

（1）在现场施工之前，必须在电力生产门户（GPMS）系统内开具变电站电气第一种工作票及安全质量控制卡，并在工作现场充分发挥工作票及安全质量控制卡的工作指导作用。

（2）在现场工作开始前，工作负责人及工作班成员应对即将进行的工作任务、停电范围及安全措施了解清楚，方可参与工作。

（3）工作人员到达工作现场后，在工作前工作负责人应根据工作票仔细核对现场安措布

置情况，并对工作班成员进行安全交底。

（4）当工作结束后，工作班应清扫、整理现场。工作负责人应周密地检查，待全体人员撤离工作地点后，再向运行人员交待所修项目、发现的问题、试验结果和存在的问题等，并与运行人员共同检查设备状况、状态，有无遗留物件，有无清洁等。

（5）检修记录、缺陷流程运转、报表编写上传、完成时限录入到 GPMS 系统中，办理工作终结手续。并完成设备作业后状态评价。

（6）工作票交底现场录音上传录音系统。

（7）工作票、安全质量控制卡、报表等资料归档。

（8）编制大修总结报告并归档。

6 作业案例

××变电站 10kV××线 628 开关柜例行检修。现场设备接线图如图 1-2 所示。

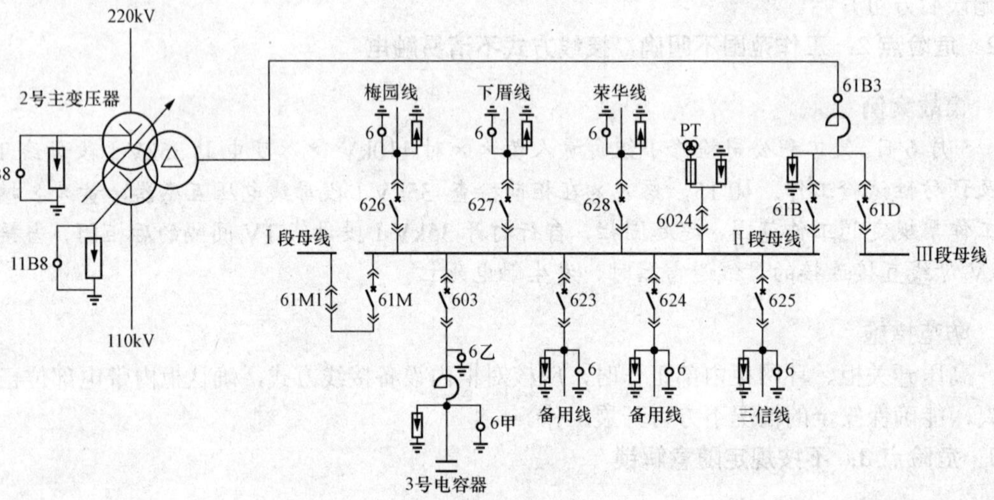

图 1-2 现场设备接线图

6.1 作业前准备

（1）现场勘察：工作负责人接到任务后，应组织有关人员进行现场勘察。现场勘察应查看接受的任务是否与现场相符，了解作业现场的条件、环境。勘察完后填写现场勘察单。

（2）查看设备履历情况，根据设备状态评价结果编写具体的检修方案。

（3）工器具、备品备件、材料准备。

（4）在 GPMS 系统开电气第一种工作票及安全质量控制卡。

（5）到达现场后，经工作许可后开始工作。

对工作班成员依次进行任务交底、安全交底、技术交底、人人明确危险点控制。同时进行人员的任务分工，明确每个人的工作任务及要求。所有工作成员分别在工作票和安全质量控制卡上进行签名确认。

（6）危险点分析。

1）检修机构注意伤及人身。

安全措施：释放开关机构能量。

2）五防功能不完善造成误操作。

安全措施：五防功能检查。

3）工作范围安全措施不完善。

安全措施：现场确认所做的安全措施应满足要求，应装设的接地线（接地刀闸）均已装设，工作地点围栏符合《国家电网公司电力安全工作规程（变电部分）》规定。

6.2 作业中控制

（1）修前检查。

1）检查开关柜外观，柜门及后柜封板无变形，无锈蚀，柜门关紧螺栓及合成完好。

2）检查柜体内所有螺栓，螺母是否有松动和锈蚀。

3）检查断路器储能及分、合闸指示是否到位。

4）检查隔离触头有无发热、烧伤，弹簧无疲劳，导电臂护套绝缘是否整洁完好，无裂纹。

5）检查开关柜内所有一次元器件的外观。

6）检查二次航空插头外观完好，插针无偏离、松动，检查断路器二次电气元件和二次线。

7）检查加热器和柜内照明灯。

8）检查接地开关合闸到位，指示正确。

（2）绝缘件检查工艺要求。

（3）润滑脂涂抹工艺要求。

（4）接触面处理工艺要求。

（5）母线室检修。

1）母线室封板检查；

2）母线相间及对地空气净距测量；

3）母线各连接螺栓力矩检查；

4）绝缘套管检查；

5）检查金属隔板，侧板不应为导磁材料；

6）泄压通道检修。

（6）断路器室检修。

1）外观及绝缘件、航空插头检查；

2）各导电部位检修；

3）导轨检修；

4）活门机构及活门挡板检修；

5）机械联锁检修；

6）断路器操作机构及机构内二次元气件检修；

7）柜门及泄压通道检修；

8）断路器推开活门机构推板检修；

9）加热器检修；

10）上、下隔离触头之间隔板不应为导磁材料；

11）观察窗检查。

（7）电缆室检修。

1）绝缘件检修；

2）TA 外观检查及变比核对；

3）避雷器检修；

4）接地开关检修；

5）机械连锁检修；

6）分支母排检修；

7）封堵情况检修；

8）前下/后柜门及泄压通道检修；

9）加热器检修；

10）前下、后柜门观察窗检查。

（8）断路器与开关柜配合操作试验及断路器本体的操作试验。

（9）断路器的机械参数测量、调整。

（10）母线避雷器与母线直接连接方式必须按国家电网公司避雷器柜改造要求进行改造。

6.3 作业验收

（1）检修人员工作质量自验收。

（2）运维人员验收确认。

（3）在 GPMS 中录入检修、消缺情况。

（4）办理工作票结束。

6.4 作业后工作

（1）召开班后会，总结工作情况。

（2）工器具、材料清点入库。

（3）在 GPMS 系统中对作业卡进行归档、评价。

（4）编制检修报告和检修总结，并上传至 GPMS 系统。

（5）将安全交底和班后会录音上传至录音系统，并做好登记。

（6）将安全质量控制卡、工作票等文件归档。

思考与练习

1．KYN28 型或 KYN44 型高压开关柜是如何实现手车断路器与接地开关之间的连锁？

2．国家电网公司《预防 12kV～40.5kV 交流高压开关柜事故补充措施》对高压开关柜的观察窗有何要求？为什么？

3．KYN28 型或 KYN44 型高压开关柜中是如何实现防止带负荷推拉断路器的？

第二部分

标准化作业文本

1 标准化作业指导书

10kV 开关柜检修作业指导书

编写：__________ __________ 年 ______月 ______日

审核：__________ __________ 年 ______月 ______日

批准：__________ __________ 年 ______月 ______日

工作负责人：

作业日期： 年 月 日 时 至 年 月 日 时

××××公司

1 范围

本作业指导书适用于10kV高压开关柜检修作业指导书。

2 引用文件

GB/T 3906—2006 《3.6kV～40.5kV交流金属封闭开关设备和控制设备》
GB 50150—2006 《电气装置安装工程电气设备交接试验标准》
GB 50147—2010 《电气装置安装工程：高压电器施工及验收规范》
GB/T 2951.14—2008 《电缆和光缆绝缘和护套材料通用试验方法》
DL/T 593—2006 《高压开关设备和控制设备标准的共用技术要求》
DL/T 404—2007 《3.6kV～40.5kV交流金属封闭开关设备和控制设备》

3 修前准备

3.1 准备工作安排

√	序号	内容	标准	责任人	备注
	1	开工前10天，向有关部门上报本次工作的材料计划	根据摸底时设备状况及需执行的反措计划		
	2	在工作前7天提交相关设备停役申请			
	3	开工前确定现场工器具摆放位置	现场工器具摆放位置参考定置图，确保现场施工安全、可靠		
	4	开工前3天，准备好施工所需仪器仪表、工器具、相关材料、相关图纸及相关技术资料	仪器仪表、工器具应试验合格，满足本次施工的要求，材料应齐全，图纸及资料应符合现场实际情况		
	5	根据本次作业内容和性质确定好检修人员，并组织学习本指导书	要求所有工作人员都明确本次工作的作业内容、进度要求、作业标准及安全注意事项		
	6	填写第一种工作票，在开工前一天交值班员	工作票应填写正确，并按《国家电网公司电力安全工作规程（变电部分）》执行		

3.2 人员要求

√	序号	内容	责任人	备注
	1	现场工作人员的身体状况、精神状态良好		
	2	作业辅助人员（外来）必须经负责施教的人员，对其进行安全措施、作业范围、安全注意事项等方面施教后方可参加工作		
	3	特殊工种（高空作业车）必须持有效证件上岗		
	4	所有作业人员必须具备必要的电气知识，基本掌握本专业作业技能及《国家电网公司电力安全工作规程（变电部分）》的相关知识，并经《国家电网公司电力安全工作规程（变电部分）》考试合格		
	5	作业负责人必须经局安监批准公布		

3.3 备品备件

√	序号	名　　称	规　　格	单位	数量	备　　注
	1	分闸线圈		只	1	
	2	合闸线圈		只	1	
	3	行程开关		只	1	
	4	储能电动机		只	1	
	5	带电显示器		只	1	
	6	传感器		套	1	
	7	加热器	带温控	套	1	
	8	断路器隔离触头、触指弹簧		套	2	
	9	分、合闸按钮		个	2	
	10	油缓冲器		个	1	
	11	避雷器		个	3	

3.4 工器具

√	序号	名　　称	规　　格	单位	数量	备　　注
	1	套筒扳手		盒	4	工作负责人个人专用工具箱
	2	内六角扳手		套	1	
	3	螺丝刀	“+”，“−”	套	各 1	
	4	开口扳手	6～24	套	1	
	5	棘轮扳手	10～24	套	1	
	6	游标卡尺		把	1	
	7	万用表		台	1	
	8	机械特性测试仪		台	1	
	9	力矩扳手	12～27	套	1	
	10	回路电阻测试仪		台	1	
	11	绝缘电阻表	500、1000V	只	1	
	12	内、外卡		套	1	
	13	卡簧钳		套	1	
	14	电源接线盘	220V	只	2	带漏电保护器
	15	绝缘梯	2m	架	1	
	16	吸尘器	1500W	台	1	

3.5 材料

√	序号	名　　称	规　格	单位	数量	备注
	1	白纱布	—	kg	1	
	2	无水乙醇		瓶	6	

表（续）

√	序号	名称	规格	单位	数量	备注
	3	记号笔	极细	支	3	
	4	绝缘胶布		圈	3	
	5	口罩		只	6	
	6	毛刷		把	3	
	7	砂纸	0号	张	4	
	8	凡士林		kg	0.5	
	9	二硫化钼润滑脂		瓶	1	
	10	百洁布		块	5	

3.6 危险点分析

√	序号	内容
	1	误入带电间隔
	2	严禁打开母联断路器柜前柜门
	3	未正确使用个人防误用具、工器具及设备
	4	检修电源设备损坏、接线不规范、单人工作易接错线或引起低压触电
	5	对断路器操作机构进行检查时，未确认二次回路确无电压，未将能量释放，引起人身伤害事故
	6	对断路器进行低电压动作特性试验时，未解开断路器与主控室相连接的二次接线，与二次班组试验冲突
	7	断路器高压试验、断路器传动时，工作班成员内部或工作班间在工作中协调不够,引起人身伤害或设备损坏事故
	8	断路器、隔离手车、互感器等一次设备手车移动时侧翻，碰伤设备和人员
	9	登高作业可能会发生高空坠落
	10	作业时在现场遗留工器具等物品，影响设备运行或造成事故
	11	设备机械、电气参数测试人员配合不协调造成伤害
	12	断路器误动造成人员伤害，调整或检修机构时机械伤人
	13	试验电源不合格
	14	与带电设备的安全距离不够
	15	工作结束后未将安全措施恢复至初始状态
	16	检修收工，设备上有遗留物

3.7 安全措施

√	序号	内容
	1	确认现场安全措施与工作票上所列安全措施一致。攀登设备前，必须核对设备的双重名称、编号
	2	作业人员正确、合理使用安全帽、安全绳、工作服；工作前必须确认所使用的设备及工器具的完好性，才可进行使用

表（续）

√	序号	内　　容
	3	工作人员或工器具随时与带电部位保持足够的安全距离：10kV≥0.7m。工作必须由二人以上进行，其中一人担任监护
	4	检修电源接线时，必须确认电源线的极性及所需使用的电压，二人进行搭接，同时必须使用带电漏电保护的电源接线盘
	5	检查机构前应先将能量释放，并确认二次回路无电压后进行
	6	低动作电压特性试验时，应先解除相关二次线，并与二次班组沟通
	7	断路器高压试验时，所有人员应撤离工作现场；断路器传动时人员提醒一次班组注意
	8	工作结束后，检查现场安全措施与工作票所载内容是否有变动，临时接地（保安）线是否已拆除，检修设备上是否有遗留物

3.8　人员分工

√	序号	作 业 项 目	负责人	作 业 人 员
	1	母线室检修		
	2	断路器室检修		
	3	电缆室检修		
	4	五防装置检修		
	5	安全监护		
	6	材料、资料及工器具管理		

4　10kV 开关柜检修作业流程图

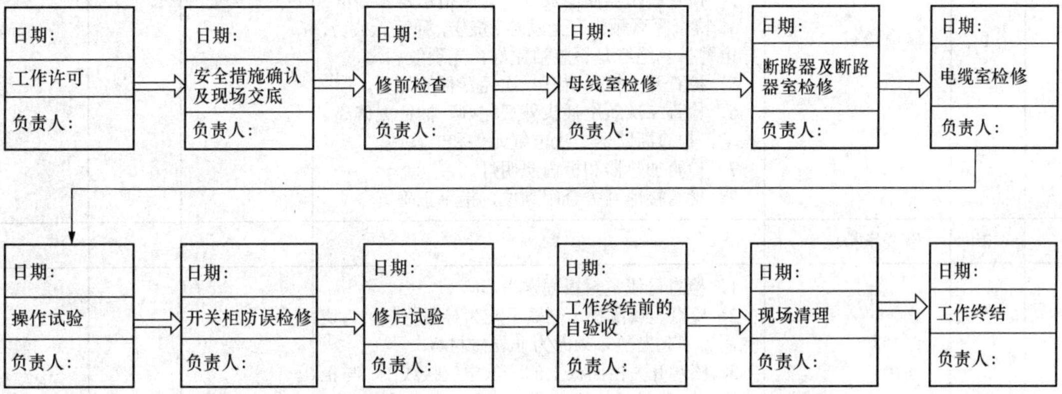

5　作业程序及作业标准部分

5.1　开工

√	序号	内　　容	到位人员签字
	1	工作票负责人按局、工区有关规定办理好工作票许可手续，完成三级交底工作	
	2	本专业负责人对本班工作人员进行明确分工，并在开工前检查确认所有工作人员正确使用劳保用品	

表（续）

√	序号	内　　容	到位人员签字
	3	在本专业负责人带领下进入作业现场并在工作现场向所有工作人员详细交待作业任务、安全措施和安全注意事项，全体工作人员应明确作业范围、进度要求等内容，并在到位人员签字栏上分别签名	
	4	如有辅助人员（外来）配合施工，必须制定专责施教人，同时专责施教人对辅助人员（外来）按工区规定进行施教，施教内容包括：作业范围、安全措施、安全注意事项等	

5.2　检修电源的使用

√	序号	内　容	标　　准	责任人签字
	1	检修电源接取位置	从检修电源箱相应试验电源接取	
	2	检修电源的配置	电源必须经漏电保护器	
	3	接取电源时注意事项	必须由专业人员接取，接取时严禁单人操作，接取电源前应先验电，用万用表确认电源电压等级和电源类型无误后，从空气断路器下桩头接取，电源线需使用 $2.5mm^2$ 及以上，且电源线外绝缘无破损、老化迹象电源线	

5.3　检修内容和工艺标准

√	序号	检修工序	工　艺　标　准	安全措施及注意事项	检修结果	责任人签字
	1	修前检查	1. 检查开关柜外观，柜门及后柜封板无变形，无锈蚀，柜门关紧螺栓及合成完好。 2. 检查柜体内所有螺栓,螺母是否有松动和锈蚀。 3. 检查断路器储能及分、合闸指示是否到位。 4. 检查隔离触头有无发热、烧伤，弹簧无疲劳，导电臂护套绝缘是否整洁完好，无裂纹。 5. 检查开关柜内所有一次元器件的外观。 6. 检查二次航空插头外观完好，插针无偏离、松动，检查断路器二次电气元件和二次线。 7. 检查加热器和柜内照明灯。 8. 检查接地开关合闸到位，指示正确			
	2	母线室检修				
	2.1	母线室外观检查（见附录 E）	1. 检查母线室封板固定可靠。 2. 检查金属隔板，侧板不应为导磁材料，为避免涡流引起发热，须改为非导磁材料。 3. 核对开关柜面板上的一次电气接线图，与柜内实际一次设备接线一致，若不一致，应修正一次电气接线图。 4. 测量母线相间及对地空气净距满足要求≥125mm，采用热缩材料包封，其导电体对地空气净距也应满足要求≥125mm。 5. 母线各连接螺栓按力矩值要求紧固。 6. 母线连接处铜排应有倒角，无尖角、无毛刺。铜排电导率应符合要求。 7. 检查绝缘套管、支柱绝缘子外观清洁，无发热，无放电痕迹，无裂纹，绝缘件爬电比距应符合要求，螺栓固定可靠。	作业完成后应认真检查现场工器具等物品无遗留		

表（续）

√	序号	检修工序	工艺标准	安全措施及注意事项	检修结果	责任人签字
	2.1	母线室外观检查（见附录E）	8．支持绝缘件与母排搭接牢固，并按力矩值要求紧固。 9．相色标记正确、清晰。 10．导电回路螺栓应使用8.8级或A20-7以上并具备防松措施。 11．用吸尘器对母线室进行清扫，用干净的布对所有绝缘件进行擦拭			
	2.2	母线室泄压通道检查	1．泄压盖板开启方向正确。 2．金属、塑料螺丝位置正确，泄压方向为塑料螺丝。 3．泄压通道应畅通、无堵塞			
	3	断路器及断路器室检修				
	3.1	断路器检修（见附录F）	1．绝缘件清洁、无破损、裂纹、爬电痕迹。 2．真空灭弧室无异常，真空度符合要求。 3．检查断路器航空插头外观完好，插针无偏离松动。 4．断路器机构封板检查，应无裂纹。 5．柜门防护等级检查IP4X、柜与柜IP2X检查。检查开关柜观察窗防爆玻璃及屏蔽罩完好，防爆玻璃厚度大于14mm，开关柜面板上无多余孔洞。 6．断路器触指完好，镀银层完好，弹簧弹性正常。 7．断路器推开活门机构两侧推板无变形，且在同一高度上。 8．检查各紧固螺栓、紧固件无松动，包括机构、机箱、极柱、导电臂等的固定螺栓。 9．检查各拐臂、闭锁杆、主轴储能链条、齿轮、定位销、挡卡无断裂、锈蚀、脱落。 10．检查静触头表面镀银层有无破坏，整体有无烧灼现象，无放电发热，静触头无松动（打力矩）。 11．断路器导电臂绝缘套、静触头绝缘盒应干净、无裂纹、无放电痕迹。 12．检查断路器辅助开关机械切换到位，电气接触良好，检查手车辅助开关、接线端子、二次端头等连接牢固。 13．检查绝缘拉杆无变形、弯曲，无开裂、爬电痕迹。 14．检查分、合闸线圈完好。测量分、合闸线圈的电阻值，如不合格，应更换。用500V绝缘电阻表测线圈对地绝缘电阻大于2MΩ。手推分/合闸铁芯，无卡阻现象，电磁铁间隙符合要求：合闸（5±1）mm，分闸0～10mm。 15．分、合闸掣子扣入深度满足要求，表面应平整。 16．检查分、合闸弹簧、触头压紧弹簧有无锈蚀、裂纹、弹簧有无疲劳的现象，必要时应测量弹簧力矩。 17．所有传、转动摩擦部分应清洗、均匀涂抹二硫化钼锂基润滑脂，转动灵活；检查油缓冲器有无漏油、缓冲行程测量无变化。	应断开储能电源、控制电源，将操作方式改为就地，完全释放机构操作能量，并经第二人检查确认		

表（续）

√	序号	检修工序	工 艺 标 准	安全措施及注意事项	检修结果	责任人签字
	3.1	断路器检修（见附录F）	18．轴承应进行解体，检查轴承有无磨损，轴承套有无裂纹，并对轴承进行清洗后，均匀涂抹二硫化钼锂基润滑脂。 19．检查电动机运转状况，应无异响、无环火，碳刷磨损量应小于10mm；储能时间不大于7s，电机电阻45Ω。 20．检查断路器分、合闸操作正常、灵活，断路器位置机械指示器、弹簧储能指示器、计数器动作正确，色标清晰。 21．检查断路器与底盘车固定螺栓无松动，断路器在合闸状态的闭锁检查，检查闭锁杆不应变形，且尺寸符合要求；断路器在推进5mm后，底盘车的闭锁板角度应为180°，保证断路器在推进过程不允许合闸；断路器外壳接地良好。 22．检查机构内部二次线端子检查及各部件，接线规范，号头字迹清晰、完整			
	3.2	断路器室检修（见附录C）	1．活门挡板及活门机构检查，活门挡板应无变形，机构传动部件无卡涩，无损坏；活门机构弹簧无变形、疲劳，拐臂、滚轮无裂纹，连杆无变形，轴销无缺失。 2．检查上、下隔离触头之间隔板不应为导磁材料，为避免涡流引起发热，须改为非导磁材料。 3．加热板无变形、起皮，温、湿度控制器动作值按要求整定且动作正常。 4．导轨无弯曲、变形。 5．机械联锁闭锁完好。 6．静触头检查：打开活门挡板，检查静触头表面光滑，镀银层完好，无变形，无过热放电烧伤痕迹，若有烧伤应处理或更换，并用力矩扳手检查静触头是否紧固，涂抹适量的凡士林；检查触头盒无开裂无破损，无裂纹、无放电痕迹，清扫触头盒			
	3.3	断路器室泄压通道检查	1．泄压盖板开启方向正确。 2．金属、塑料螺丝位置正确，泄压方向为塑料螺丝。 3．泄压通道应畅通、无堵塞			
	3.4	二次绝缘试验	用1000V绝缘电阻表测量二次回路绝缘电阻不低于2MΩ			
	3.5	操作试验	1．就地、远方分合正常，指示正确。 2．手动、电动储能检查并记录储能时间。 3．断路器推入、摇出顺畅，底盘行程开关动作正常。 4．断路器分合闸、试验、工作、储能、控制回路信号、接地开关分合信号核对。 5．活门挡板开启灵活，无偏移、卡涩	应做好配合预防机械伤人		
	4	电缆室检修（见附录I）				

表（续）

√	序号	检修工序	工 艺 标 准	安全措施及注意事项	检修结果	责任人签字
	4.1	绝缘件外观检查	1．绝缘件清洁、无破损、无裂纹、无放电痕迹；绝缘件爬电比距应符合要求。 2．前下/后柜门无变形，柜门螺栓完好，柜门导电连续性良好。 3．柜内电缆出线孔洞封堵完好。 4. 检查分支母排热缩材料无发热痕迹、无起皮、老化、脱落现象。 5．带电指示器检查，带电指示器本体清洁、无放电痕迹，带电显示装置显示正常。 6．加热板无变形、起皮，温湿度控制器动作值按要求整定且动作正常。 7. 柜门防护等级检查 IP4X、柜与柜 IP2X 检查。检查开关柜观察窗防爆玻璃及屏蔽罩完好，防爆玻璃厚度大于 14mm，开关柜面板上无多余孔洞。 8．相色标记正确、清晰。 9．紧固件无松动。 10．导电回路螺栓应使用 8.8 级或 A20-7 以上并具备防松措施			
	4.2	泄压通道检查	1．泄压盖板开启方向正确。 2．金属、塑料螺丝位置正确，泄压方向为塑料螺丝。 3．泄压通道应畅通、无堵塞			
	4.3	TA 检修	1．一、二次接线紧固无松动。 2．二次无开路。 3．TA 无裂纹放电痕迹、外表清洁，铭牌完好，变比符合要求。 4．一次接地端子（螺栓）接地可靠			
	4.4	避雷器检修	1．外表清洁，无积污、无破损、无裂纹、无闪络放电痕迹。 2. 检查引线接头是否牢固，引线无断线、断股，无松动、无过热痕迹。 3．检查避雷器安装固定有无松动，接地可靠，接地线截面符合要求			
	4.5	接地开关检修	1．检查绝缘子清洁、无破损、无裂纹、无放电痕迹。 2．检查动、静触头刀口无灼损，若有灼损需修整或更换；动触头夹紧弹簧无锈蚀、裂纹、疲劳的现象，必要时应测量弹簧力矩。 3．检查动、静触头刀口合闸到位，夹紧力符合要求，确保有三分之二以上的视在接触线，处理好后，在接触处均匀涂抹凡士林。 4．检查分、合闸弹簧组无锈蚀、裂纹、弹簧有无疲劳的现象，必要时应测量弹簧力矩。 5．检查接地开关合位与断路器闭锁可靠，前下/后柜门闭锁可靠。检查下柜门联锁机构组件是否灵活，闭锁是否有效。即接地开关在合闸位置，断路器无法操作；接地开关在分闸位置，前下/后柜门无法开启。	操作时应呼应配合预防机械伤人		

表（续）

√	序号	检修工序	工 艺 标 准	安全措施及注意事项	检修结果	责任人签字
	4.5	接地开关检修	6．检查固定接地开关螺栓是否松动，如有应及时紧固。 7．检查接地回路无松动、无断股，接地可靠、截面符合要求。 8．检查手车闭锁部分转动应灵活，转动应到位。 9．检查六角传动轴装配转动是否灵活，转动是否到位。 10．检查四连杆装配组件传动是否灵活，传动接地开关否到位。 11．所有转动摩擦部分应清洗、均匀涂抹二硫化钼锂基润滑脂。 12．检查机构各传动部件无变形，操作灵活，主轴无断裂、变形，在转动部位均匀涂抹二硫化钼锂基润滑脂，分、合闸操作 3～5 次，分合正常，分、合闸位置指示正确。如有卡涩等其他妨碍其动作的不正常现象应查明原因，及时处理			
	4.6	高压出线电缆检修维护	1．电缆引线及三叉口无积尘、无过热痕迹，外绝缘无破损。 2．相色标记正确、清晰。 3．接线端子按力矩值要求紧固，无发热痕迹。 4．零序 TA 接线正确，外表清洁，无裂纹			
	5	开关柜防误部分检查	1．当接地开关及断路器在分闸位置时，手车才能从“试验”位置移至“工作”位置；而接地开关或断路器在合闸位置时，手车不能从“试验”位置移至“工作”位置；只有手车处于“试验”位置或移开位置时，接地开关才能操作，检查手车与接地开关之间的连锁，闭锁可靠，锁片长度符合要求；手柄插入口封板（滑板）闭锁可靠，断路器已推入地刀操作孔应封闭，断路器往“工作”位置进入的过程中，机械连锁装置立即将接地开关的操作手柄插入口封闭，这种状态一直保持到手车重新回到“试验”位置并定位才结束。 2．断路器处于合闸位置，未正确处于“试验”位置或“工作”位置时手车无法推入，检查主轴、丝杆、锁板无变形，动作可靠，当断路器处于合闸状态时，底盘车上的丝杆被锁板锁住，断路器分闸后，丝杆才被解锁。 3．手车在“工作”位置，断路器在合闸状态时，手车无法从“工作”位置移至“试验”位置。 4．手车在推入过程中处于中间位置应无法合闸。 5．地刀未合上时，前下柜门及后柜门无法开启，检查转动轴无变形，后柜门闭锁片位置正确，闭锁可靠；接地开关分闸后自动把下柜门锁住，同时六角传动轴装配上后封板锁头把后封板也锁住，这时后封板和下柜门无法打开，接地开关分闸后，闭锁解除	操作时应确认试验方法正确，防止误操作		

表（续）

√	序号	检修工序	工　艺　标　准	安全措施及注意事项	检修结果	责任人签字
	6	修后试验项目				
	6.1	断路器机械参数测试	1．行程、开距、缓冲器等尺寸，合闸时间、分闸时间、同期等数据符合制造厂要求。 2．断路器参考参数 分闸时间：35～45ms 合闸时间：35～45ms 触头开距：（10±1）mm 压缩行程：（3±1）mm 平均合闸速度：0.7～1m/s 平均分闸速度：1～1.4m/s 三相触头分、合闸同期性：≤1ms 触头合闸弹跳时间：≤2ms 油缓冲与螺杆作用的间隙行程：13_{0}^{+2}mm 动、静触头允许磨损累计厚度：3mm 速度行程曲线			
	6.2	低电压动作试验	1．85%～110%额定电源电压应可靠合闸，等于或小于30%额定电源电压应不动作。 2．直流 65%～110%额定电源电压或 80%～110%额定电源电压应可靠分闸，等于或小于30%额定电源电压应不应动作			
	6.3	工频耐压试验时间	1．断口42kV，1min。 2．对地42kV，1min。 3．TA对地38kV，1min	必须进行断口及相间/相对地耐压		
	6.4	绝缘电阻测量	1．主回路合闸对地≥2000MΩ。 2．辅助回路对地、电动机线圈对地≥2MΩ			
	6.5	导电回路电阻测试	主回路电阻： 1．630～1600A≤50μΩ。 2．2000～2500A≤40μΩ。 3．3150A≤30μΩ	采用直流压降法，测试电流≥100A		
	6.6	分、合闸线圈电阻测试	分闸线圈电阻210Ω，合闸线圈电阻210Ω			

6　竣工

√	序号	内　　容	责任人员签字
	1	清理工作现场，将工器具全部收拢并清点，废弃物按相关规定处理，材料及备品备件回收清点	
	2	按相关规定，关闭检修电源	
	3	做好检修记录，记录本次检修内容，反措或技改情况，有无遗留问题	
	4	依据作业程序及作业标准指导书，对所有检修项目进行确认，并进行自检验收	

工作票负责人：	专业负责人：	工作成员：
班组审核人：		审核意见：

7 验收记录

<table>
<tr><td rowspan="2">自验收记录</td><td>记录改进和更换的零部件</td><td></td></tr>
<tr><td>存在问题及处理意见</td><td></td></tr>
<tr><td rowspan="4">验收单位意见</td><td>检修班组自评价及签字</td><td></td></tr>
<tr><td>检修部门验收意见及签字</td><td></td></tr>
<tr><td>运行单位验收意见及签字</td><td></td></tr>
<tr><td>生技部门验收意见及签字</td><td></td></tr>
</table>

8 作业指导书执行情况评估

<table>
<tr><td rowspan="4">评估内容</td><td rowspan="2">符合性</td><td>优</td><td></td><td>可操作项</td><td></td></tr>
<tr><td>良</td><td></td><td>不可操作项</td><td></td></tr>
<tr><td rowspan="2">可操作性</td><td>优</td><td></td><td>建议修改项</td><td></td></tr>
<tr><td>良</td><td></td><td>遗漏项</td><td></td></tr>
<tr><td>存在问题</td><td colspan="5"></td></tr>
<tr><td>改进意见</td><td colspan="5"></td></tr>
</table>

2 安全质量控制卡

班组作业安全质量控制卡

作业名称：一次班××变电站10kV××线路开关柜例行检修（配ZN21-12断路器）

工作负责人编写：＿＿＿＿＿＿审核：＿＿＿＿＿＿批准：＿＿＿＿＿＿

作业性质：本专业 计划时间：＿年＿月＿日＿时＿分至＿年＿月＿日＿时＿分

1 作业前

1.1 作业前内业准备

序号	名称	规 格	单位	数量	确认
1．现场勘察		勾选：□已勘察 □无需勘察 * 确认栏内需签字确认：			
2．工器具					
2.1	标准工具	详见作业指导书3.4	套	1	
2.2	其他		套	1	
3．材料					
3.1	材料、备品备件	详见作业指导书3.3、3.5	套	1	
4．防护用品					
4.1	防护用品	根据实际需要配置	套	2	
5．作业文件					
5.1	工作票编号				
5.2	作业文件（设备台账资料、设备说明书、接线图、报告）等				
6．其他（录音笔、红马甲）					

1.2 出工准备

序号	名 称	确认
1	班组班前会	
2	出工三检查	

2 作业中

2.1 作业组班前会

2.1.1 本作业危险点分析及安全措施交底

序号	危险点分析	安全控制措施	确认
1	断路器、刀闸、互感器等一次设备手车移动时侧翻，碰伤设备和人员	确认地面平坦并有两人以上方可操作	

表（续）

序号	危险点分析	安全控制措施	确认
2	与带电设备的安全距离不够	确认人身与带电部位保持 10kV≥0.7m 以上安全距离	
3	登高作业可能会发生高空坠落	登高作业，应正确使用安全带，禁止安全带低挂高用。使用梯子登高时，梯子应稳固并有防滑措施，并派专人扶持	
4	作业时在现场遗留工器具等物品，影响设备运行或造成事故	作业完成后应认真检查现场工器具等物品无遗留	
5	工器具不合格或未正确使用	检查安全工器具、劳动防护用品是否合格齐备	
6	走错间隔	工作前认真核对设备名称、编号、位置，检查现场安全措施无误后方可开始。严禁擅自移动或拆除遮栏（围栏）、标示牌	
7	试验电源不合格	移动电源盘应带有漏电保护器、插座应采用插头不得使用裸导线插接。试验接线必须使用试验电源，接线前应验电，应先接中性线，再接相线	
8	设备机械、电气参数测试人员配合不协调造成伤害	测试人员应互相配合，进行分合操作时应确认设备上无人工作	
9	机械伤害	断路器整组试验前应征得试验工作负责人许可，试验前可将开关切换到就地状态并和相关负责人做好沟通	
10	断路器误动造成人员伤害，调整或检修机构时机械伤人	应断开储能电源、控制电源，将操作方式改为就地，完全释放机构操作能量，并经第二人检查确认	
11	误入带电间隔	母线带电时禁止打开活门挡板	
12	设备、人员伤害	断路器在转运车上移动时应采用防止倾翻措施	
13	防误操作	手车在推进过程中如有卡涩禁止强行推入	

2.1.2 其他班组间配合或交叉作业危险点分析及安全措施交底

序号	相关班组	危险点分析	安全控制措施	确认
1	高压班 保护班	机械伤害	断路器整组试验前应征得试验工作负责人许可，试验前应将开关切换到就地状态并和相关负责人做好沟通	

2.1.3 安全措施确认

我已知晓上述工作地点、工作内容、停电范围、作业分工、危险点及安全控制措施，精神状态良好。

确认签字：

2.2 关键工序质量控制

序号	关键工序	质量控制	确认
1	开关柜检查维护（风险提示：走错间隔）		
1.1	开关柜防误部分检查	1. 开关合闸，手车无法推进闭锁正常。 2. 接地开关对手车、前下/后柜门闭锁可靠	

表（续）

序号	关 键 工 序	质 量 控 制	确认
1.2	开关柜上零部件检查	1．绝缘件清洁、无破损放电痕迹。 2．紧固件无松动。 3．相色标记正确	
1.3	开关柜外观检查清扫	1．前后柜门无异常。 2．外观整洁。 风险提示：与带电设备的安全距离不够	
1.4	开关柜泄压通道检查	1．防高处坠落。 2．泄压盖板开启缺口方向正确。 3．金属、塑料螺丝位置正确。 风险提示：登高作业可能会发生高处坠落	
2	断路器检查维护		
2.1	外观检查清扫	1．绝缘件清洁、无破损放电痕迹。 2．真空灭弧室无异常	
2.2	导电部位检查	1．断路器触指完好、弹簧弹性正常。 2．导体紧固件无松动	
2.3	辅助元件及传动拉杆检查	1．应做好配合预防机械伤人。 2．辅助开关切换良好。 3．计数器动作正常。 风险提示：机械伤害	
2.4	操作机构各部件检查	1．检查前应释放分合闸能量预防机械伤人。 2．转动部位灵活。 3．定位支承件位置正确。 4．分合闸触发部件动作正常。 风险提示：断路器误动造成人员伤害，调整或检修机构时机械伤人	
2.5	机构内部二次接线端子检查	1．防人身触电，使用绝缘工具。 2．接线规范，号头字迹清晰	
2.6	断路器操作试验	1．应做好配合预防机械伤人。 2．就地、远方分合正常，指示正确。 3．手动、电动储能正常。 风险提示：作业时在现场遗留工器具等物品，影响设备运行或造成事故，设备机械、电气参数测试人员配合不协调造成伤害	
3	电流互感器检查维护		
3.1	绝缘件、外观检查	TV 无裂纹放电痕迹、外表清洁	
3.2	一、二次接线端子检查	1．接线端子无松动。 2．二次无开路	
3.3	接地检查	接地可靠	
4	带电指示器检查维护		
4.1	带电指示器检查	绝缘部分清洁、无放电痕迹	
5	状态指示器检查维护		
5.1	状态指示器检查	状态改变时能及时正确反应	
6	加热装置检查维护		
6.1	加热器检查	加热器加热工作正常	

表（续）

序号	关 键 工 序	质 量 控 制	确认
6.2	温湿度控制器检查	温湿度控制器控制按要求整定且动作正常	
7	相关缺陷处理		
7.1	缺陷收集	根据存在的缺陷情况提前准备好备品及处理方案	
8	修后试验项目及标准		
8.1	断路器机械参数测试	断路器参考参数 分闸时间：35～45ms 合闸时间：35～45ms 触头开距：（10±1）mm 压缩行程：（3±1）mm 平均合闸速度：0.7～1m/s 平均分闸速度：1～1.4m/s 三相触头分、合闸同期性：≤1ms 触头合闸弹跳时间：≤2ms 油缓冲与螺杆作用的间隙行程：13_{0}^{+2}mm 动、静触头允许磨损累计厚度：3mm 速度行程曲线	
8.2	低电压动作试验	1．85%～110%额定电源电压应可靠合闸，等于或小于 30%额定电源电压应不应动作。 2．直流 65%～110%额定电源电压或 80%～110%额定电源电压应可靠分闸，等于或小于 30%额定电源电压应不应动作	
8.3	工频耐压试验时间	1．断口 42kV，1min。 2．对地 42kV，1min	
8.4	绝缘电阻测量	1．主回路合闸对地≥2000MΩ。 2．辅助回路对地、电动机线圈对地≥2MΩ	
8.5	导电回路电阻测试	主回路电阻：1．630～1600A≤50μΩ。 2．2000～2500A≤40μΩ。 3．3150A≤30μΩ	
8.6	分、合闸线圈电阻测试	分闸线圈电阻 210Ω，合闸线圈电阻 210Ω	

2.3 作业验收

2.3.1 检修人员验收

序号	验 收 内 容	确认
1	检查断路器面板螺栓无丢失均已上紧	
2	检查开关柜柜门可靠紧固	
3	检查开关柜观察窗防爆玻璃完好，开关柜面板上无多余孔洞	
4	检查现场安全措施及检修设备的状态已恢复至工作许可时的状态	
5	检查现场无遗留工器具、材料，所有工作人员已经撤离现场	
6	工作负责人验收签字：	

2.3.2 运维人员验收

运维人员验收： 检修记录已登记，现场已验收合格。　　　　　　运维人员确认签字：

2.4 作业组班后会

序号	项　　目	确认
1	作业组班后会	
2	存在问题及措施：	

3 作业后

3.1 作业后内业工作

序号	项　　目	内　　容	确认
1	GPMS 流程运转	缺陷流程运转、报告编写上传、完成时限填写、完成设备作业后评估	
2	录音上传	工作票录音	
3	作业文件归档	安全质量控制卡、工作票、报告	
4	工器具及材料	整理入库	

3.2 作业评价

评价情况：经检查，本控制卡____________，存在____问题，已向__________________提出。

检查人：__________________

_____年____月____日

3 变电站电气第一种工作票

××电业局（供电公司）

××变电站电气第一种工作票

编号：××-BB-B1-××B-2012-××××

1．部门：运维检修部检修试验工区

工作班组：检修班

工作负责人：林××

2．工作人员：吴××、陈××、金××、吴××　　共 4 人

3．工作任务（工作地点和工作内容）：

工 作 地 点	工 作 内 容
在 220kV××变电站 10kV 开关室内 10kV 荣华线 628 开关柜处	对 10kV 荣华线 628 开关柜及柜内设备进行检修

4．计划工作时间：自××年×月×日×时×分至××年×月×日×时×分

5．安全措施：

电气接线图或必要时可附页绘图说明：220kV××变 10kV 荣华线 628 断路器及线路转检修；10kVⅡ段母线转检修

变电站名称	设备双重名称	开关柜型号、厂家
220kV××变电站	10kV荣华线628开关柜	KYN28-12 ××有限公司
接线图	结构图	
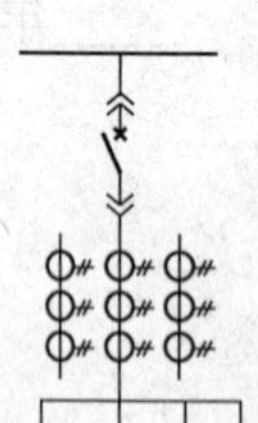	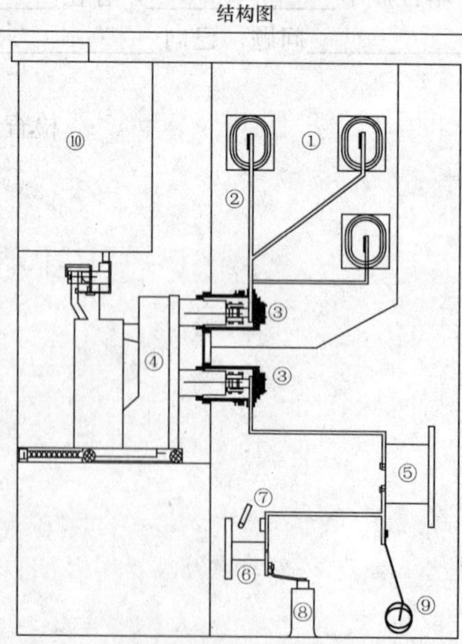	
说明：①主母线；②分支小母线；③静触头；④手车开关；⑤电流互感器；⑥接触式带电显示器传感器；⑦接地刀闸；⑧避雷器；⑨零序电流互感器；⑩继保室		

许可前由工作许可人会同工作负责人到现场逐项检查核对后打√。

序号	应断开的断路器、隔离开关，应取下的熔丝，应解除的继电保护连接片等（包括填写前已断开、取下、解除的）注明编号	已执行
1	断开 628、61B、625、624、623、603、626、61M、627 断路器	
2	拉出 10kVⅡ段母线 PT6024 手车隔离开关至试验位置	
3	拉出 10kVⅠ、Ⅱ段母分 61M1 手车隔离开关至试验位置	
4	拉出 61B、625、624、623、603、626、61M、627 断路器至试验位置	
5	断开 628 断路器直流控制电源空气断路器 1K2	
6	断开 628 断路器弹簧储能电源空气断路器 1DK	
7	取下 628 断路器二次插头	
8	拉出 628 断路器至检修位置	
序号	应装接地线、应合接地开关（注明接地线具体位置，并留出空位由许可人注明接地线编号）	已执行
1	合上 6286 接地开关	
2	推入 1 号接地手车 10kVⅡ段母线 TV 6024 柜至接通位置	
序号	应设遮栏、应挂标示牌、防止二次回路误碰的措施	已执行
1	在 628、61B、625、624、623、603、626、61M、627 断路器操作把手上悬挂“禁止合闸，有人工作！”标示牌	
2	在 628 断路器操作孔处悬挂“禁止合闸，线路有人工作！”标示牌	
3	在 6024、61M1 手车隔离开关操作孔处悬挂“禁止合闸，线路有人工作！”标示牌	
4	在 10kV 荣华线 628 开关柜处悬挂“在此工作！”标示牌	
5	在 10kV 荣华线 628 开关柜相邻的 10kV 下厝线 627 开关柜、10kVⅡ段母线 TV 柜前后各装设围栏并在围栏上面向工作地点各悬挂“止步，高压危险！”标示牌	

工作地点保留带电部分（或注意事项） 签发人或工作负责人填写	补充工作地点保留带电部分和安全措施 许可人填写
10kV61M1 手车隔离开关静触头靠 10kVⅠ段母线侧、10kV61B 断路器静触头靠 2 号主变压器侧均带电运行中，工作中应注意与 10kV 带电部位保持 0.7m 及以上安全距离	

二次工作安全措施票（票号）：__________

工作票签发人签名：张××　　签发日期：××年×月×日×时×分

收到工作票时间：××年×月×日×时×分　　值班人员签名：梁××

6．确认本工作票 1～5 项

许可工作时间：____年____月____日____时____分

工作许可人签名：梁××　　工作负责人签名：林×

7．工作人员变动：

增添人员姓名	日	时	分	工作负责人签名	离去人员姓名	日	时	分	工作负责人签名

8．工作负责人变动：

原工作负责人________离去，变更__________为工作负责人。

变动时间：____年__月__日__时__分　　工作票签发人签名：__________

9．工作票延期：有效期延长到：____年__月__日__时__分

工作负责人签名：__________　值长或值班长负责人签名：________

10．每日开工和收工时间（使用一天的工作票不必填写）

收工时间				工作负责人	工作许可人	开工时间				工作负责人	工作许可人
月	日	时	分			月	日	时	分		

11．工作结束：设备及安全措施已恢复至开工前状态，现场已清理完毕，工作班人员已全部撤离。全部工作于××年×月×日×时×分结束。

工作负责人签名：　林×　　　工作许可人签名：　梁××

12．工作票终结：临时遮栏、标示牌已拆除，常设遮栏已恢复。接地线编号______等共____组、接地开关（小车）共______副（台）未拆除或拉开，已汇报调度。

工作许可（当值）人签名：____时间：____年___月___日___时___分

13．备注：

（1）检修工作中允许试分合的设备：

允许试分合的设备	解锁执行人	解锁时间	操作人	监护人	操作设备时间
		日　时　分			日　时　分
		日　时　分			日　时　分
		日　时　分			日　时　分
		日　时　分			日　时　分

（2）工作负责人指定专职监护人：

第一组_______负责监护____________________

第二组_______负责监护____________________

第三组_______负责监护____________________

（3）其他补充安全措施：__________________

（4）其他事项：________________________

14．交任务、交安全措施确认：我对工作负责人布置的工作任务及安全措施已明白无误，所有安全措施已能确保我的工作安全。

工作班人员签名：________________________

15．评价情况：经检查本票为________票。存在________________________问题，已向__________指出。

检查人：__________

____年____月____日

4 现场勘察单

××电业局（供电公司）电气工作现场勘察单

编号：×××××

<table>
<tr><td>工作名称</td><td>220kV××变电站 10kV 荣华线 628 开关柜检修</td><td>勘察单位</td><td>×××××</td></tr>
<tr><td>工作范围</td><td colspan="3">220kV××变电站 10kV 荣华线 628 开关柜处</td></tr>
<tr><td>工作主要内容</td><td colspan="3">220kV××变电站 10kV 荣华线 628 开关柜检修</td></tr>
<tr><td>现场勘察情况图示（工作范围及保留带电部分图示或地下缆沟管线等布置图）</td><td colspan="3">
<table>
<tr><td>变电站名称</td><td>设备双重名称</td><td>开关柜型号、厂家</td></tr>
<tr><td>220kV××变电站</td><td>10kV荣华线628开关柜</td><td>KYN8-12 ××有限公司</td></tr>
<tr><td>接线图</td><td colspan="2">结构图</td></tr>
<tr><td>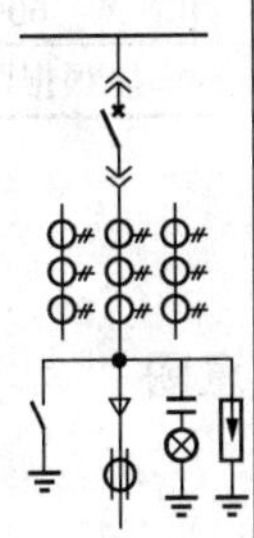</td><td colspan="2">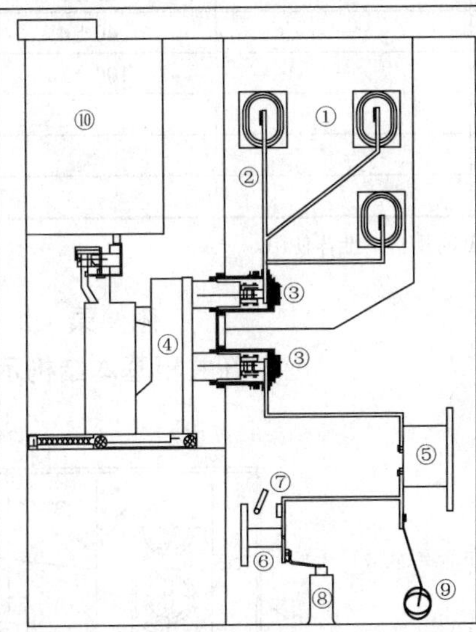
</td></tr>
<tr><td colspan="3">说明：①主母线；②分支小母线；③静触头；④手车开关；⑤电流互感器；⑥接触式带电显示器传感器；⑦接地刀闸；⑧避雷器；⑨零序电流互感器；⑩继保室</td></tr>
</table>
</td></tr>
<tr><td rowspan="8">现场勘察情况说明</td><td colspan="3">1. 邻近、交叉或跨越带电设备距离：</td></tr>
<tr><td colspan="3">10kV61M1 手车隔离开关静触头靠 10kV Ⅰ段母线侧、10kV61B 断路器静触头靠 2 号主变压器侧均带电运行中，工作中应注意与 10kV 带电部位保持 0.7m 及以上安全距离</td></tr>
<tr><td colspan="3">2. 工作地段周围环境：</td></tr>
<tr><td colspan="3">室内</td></tr>
<tr><td colspan="3">3. 地下管网布置情况：</td></tr>
<tr><td colspan="3">电缆沟盖板防止重压</td></tr>
<tr><td colspan="3">4. 其他：无</td></tr>
<tr><td colspan="3"></td></tr>
<tr><td>现场工作安全要求</td><td colspan="3">1. 220kV××变电站 10kV 荣华线 628 断路器及线路转检修；10kVⅡ段母线转检修。
2. 10kV 开关柜作业空间有限，应防止误碰</td></tr>
<tr><td colspan="4">审核：××× 勘察人：×××、××× 监理人：××× 勘察日期：××年×月×日</td></tr>
</table>

附 录 A
螺栓及螺母紧固力矩对照表

附表 A-1 螺栓及螺母紧固力矩对照表

紧固件规格	强度等级（N·m）			
	4.8	5.6	8.8	10.9
M3	0.6±0.1	0.7±0.1	1.4±0.1	—
M3.5	1±0.1	1±0.1	2±0.2	—
M4	1.4±0.1	1.5±0.1	3±0.3	—
M5	3±0.2	3±0.3	6±0.5	—
M6	5.1±0.4	6±0.5	8±1	12±2
M8	—	12±2	20±2	30±3
M10	—	25±3	40±4	60±6
M12	—	40±4	70±7	100±10
M16	—	100±10	170±20	250±25
M20	—	±	340±30	500±50
M24	—	±	600±60	800±80
>M24	根据图纸要求			

注 未提供力矩强度的规格不推荐使用。

附 录 B
开关柜基本结构示意图

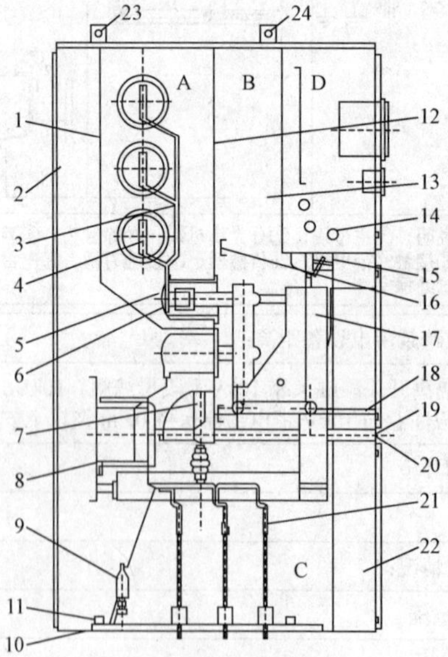

附图 B-1 开关柜基本结构示意图

1—装卸式隔板；2—外壳；3—分支母线；4—主母线；5—隔离触头装置；6—一次触头盒；7—接地开关；8—电流互感器；9—氧化锌避雷器；10—底板；11—主接地母线；12—装卸式隔板；13—压力释放通道；14—端子排；15—插拔式二次插件；16—活门；17—断路器手车；18—手车推进机构；19—装卸式水平隔板；20—接地开关操作机构；21—电缆密封终端；22—控制线槽；23、24—吊耳

附　录　C

断路器室正视图

附图 C-1　断路器室正视图

1—二次航空插座；2—活门；3—中隔板

附　录　D

断路器在手车室的位置指示图

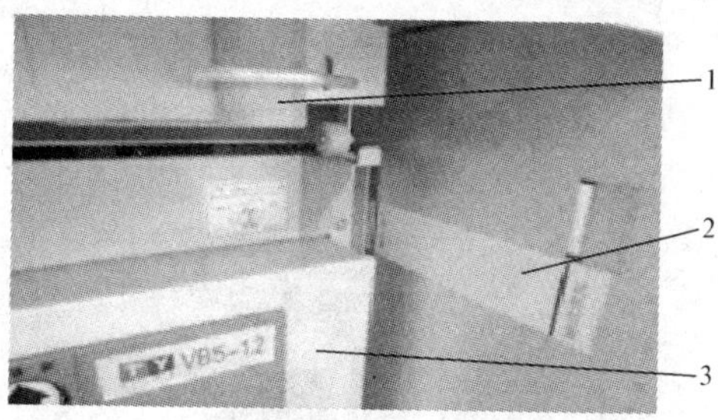

附图 D-1　断路器在手车室的位置指示图

1—断路器与航空插座联锁；2—位置标签；3—断路器

附　录　E

断路器室与母线室联络方式

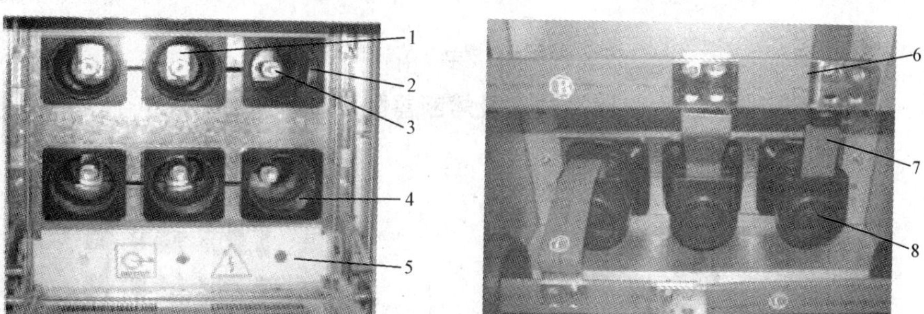

（a）　　　　（b）

附图 E-1　断路器室与母线室联络方式

（a）正面（断路器室）；（b）柜后（母线室）

1—母线支排；2—上触头盒；3—静触头；4—下触头盒；5—下活门；6—主母排；7—上支母排；8—上静触头盒

附　录　F

断路器在断路器室的情况（工作位置）

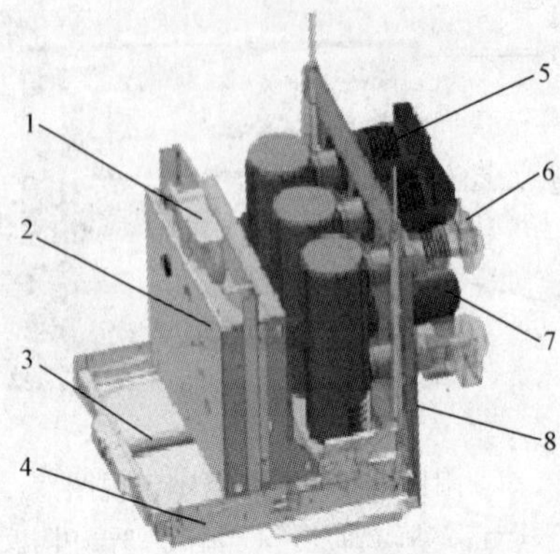

附图 F-1　断路器在断路器室的情况（工作位置）

1—二次插头；2—ZN21 断路器手车；3—丝杆推进机构；4—手车导轨；5—上触头盒；6—活门；7—下触头盒；8—中隔板

附　录　G

电压互感器隔离车

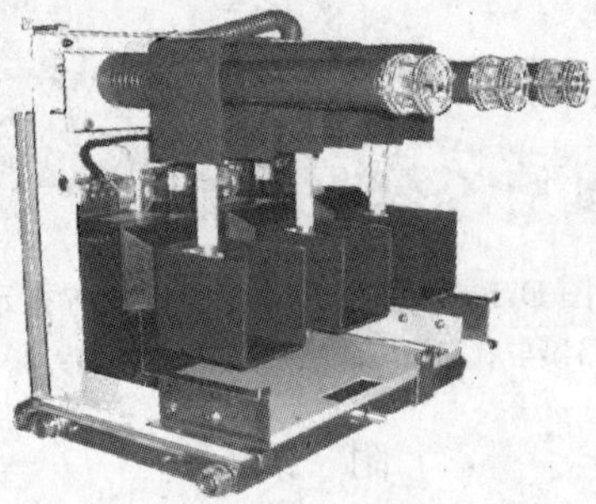

附图 G-1　电压互感器隔离车示意图

附　录　H

隔离手车及熔断器隔离车

附图 H-1　隔离手车

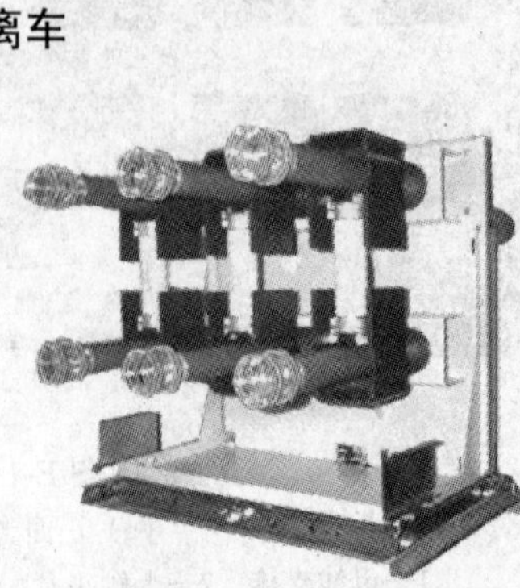

附图 H-2　熔断器隔离车

附 录 I
电缆室结构

附图 I-1　电缆室结构图

附图 I-2　电缆固定夹的安装位置

1—变径密封圈；2—电缆固定夹

附图 I-3　JN15-21 接地开关（合闸状态）

附 录 J
断路器底盘车

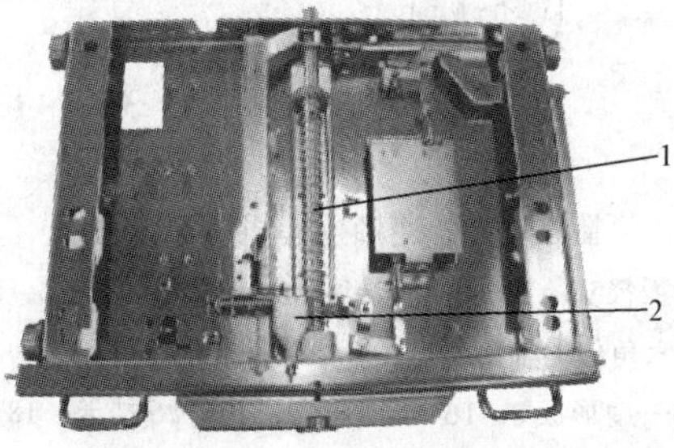

附图 J-1　断路器上的底盘车

1—丝杆；2—锁板

附 录 K
断路器与接地开关的机械连锁装置

附图 K-1　断路器与接地开关的机械连锁装置图

附 录 L
连锁操作机构总装图

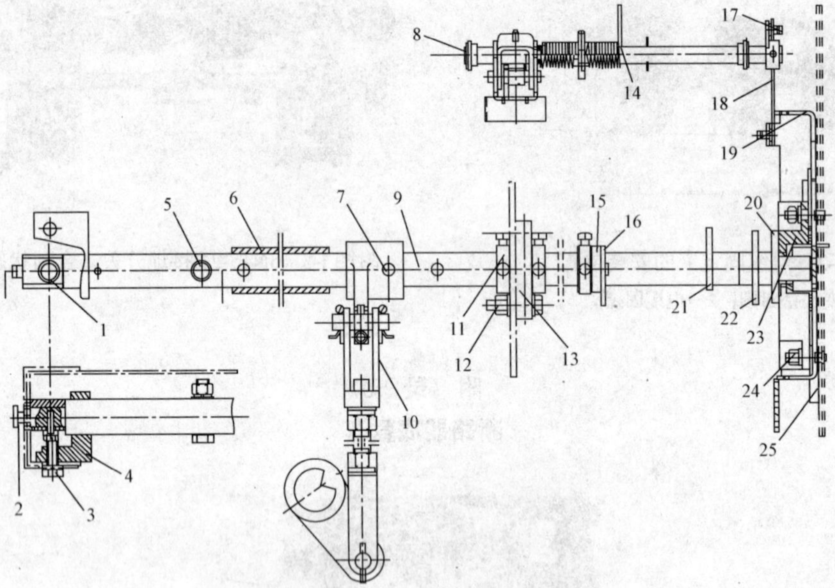

附图 L-1　连锁操作机构总装图

1—固定后封板锁头；2—后封板锁头；3—固定安装座 M10 螺栓；4—安装座；5—M10 螺栓；6—套管；7—ϕ10 弹性销；8—ϕ12 挡卡；9—六角传动轴装配；10—四连杆装配组件；11—挡圈；12—固定支撑座 M8 螺栓；13—支撑座；14—手车闭锁部分；15—扇形板 8；16—扇形板 7；17—ϕ6 挡卡；18—连板；19—滑板；20—扇形板 2；21—扇形板 4；22—扇形板 3；23—座块；24—固定支撑座 M6 螺栓；25—导向块

附　录　M
断路器试验项目和操作标准

附表 M-1　断路器试验项目和操作标准

√	序号	试验项目	试　验　方　法	安全措施及注意事项	试 验 标 准
	1	回路电阻测量	1．采用直流压降法，测试电流≥100A。 2．使用回路电阻测试仪测试，测量时，电流线夹在隔离触头的外端，电压线夹在隔离触头的内端	1．接线时应做好防止高空坠落措施。 2．高压试验前，应与其他班负责人互相协调，试验时应有专人监护，在进行高压试验后应对试品充分放电。 3．测试线严禁夹在触指弹簧上进行试验。 4．测试时严禁电流回路开路。 5．试验过程应有专人监护并呼唱，当出现异常情况时，应立即停止试验，断开电源，查明原因后，方可继续试验	主回路电阻：（630～1600A）≤50μΩ；（2000～2500A）≤40μΩ；（3150A）≤30μΩ
	2	分、合闸线圈、电动机电阻测试	使用万用表进行测量	试验前应确认断路器控制电源已断开，机构能量已释放	合闸线圈：210Ω 分闸线圈：210Ω 电机电阻：45Ω
	3	主回路绝缘电阻测试	1．应进行相间/相对地及断口的绝缘电阻测量。使用电压不小于2500V绝缘电阻表进行测试。 2．将断路器处于合闸位置进行相间/相对地的测量，在进行相间测量时，应将非被试项接地。进行断口绝缘电阻测试时，将断路器处于分闸状态，断口的一端短路接地，另外一端进行绝缘电阻的测试	1．接线时应注意将测试线悬空。 2．试验过程应有专人监护并呼唱，防止其他人员误入试验区域。 3．测试完需充分放电。 4．注意绝缘电阻表转速应不低于120r/min	主回路合闸对地≥2000 MΩ
	4	辅助回路绝缘电阻测试	使用电压为1000V绝缘电阻表进行测试	1．试验前应确认断路器控制电源已断开。 2．接线时应注意将测试线悬空。 3．试验过程应有专人监护并呼唱，防止其他人员误入试验区域。 4．测试完需充分放电。 5．注意绝缘电阻表转速应不低于120r/min	辅助回路对地、电动机线圈对地≥2MΩ
	5	合、分闸电磁铁的动作电压	采用可调式直流操作电源。将电压加至规定值，启动仪器，操作断路器	1．测试时，应防止串入站内运行直流系统。 2．测试过程应防止机械伤人。 3．核对试验接线准确无误。 4．试验过程应有专人监护并呼唱，当出现异常情况时，应立即停止试验，将电压归零，断开电源，查明原因后，方可继续试验	1．合闸电磁铁在电源等于或小于66V时不应动作，在额定电源电压为176～242V范围内应可靠动作。 2．分闸电磁铁在电源等于或小于66V时不应动作，在额定电源电压为143～242V范围内应可靠动作

附表 M-1（续）

√	序号	试验项目	试验方法	安全措施及注意事项	试验标准
	6	机械特性试验	断路器一侧断口及测试仪 N 端应良好接地。 将三相断口的信号接入到仪器的时间通道，用仪器上的直流电源串联在断路器的分、合闸控制回路，操作仪器测量三相的分、合闸时间、同期，合-分时间。 在断路器的传动杆上安装位移传感器用导线将信号接入仪器的速度测量通道，用仪器上的直流电源串联在断路器的分、合闸控制回路，操作仪器测量速度及行程曲线	1．测试过程应防止机械伤人。 2．测试时，应防止串入站内运行直流系统。 3．应检查控制回路的接线。 4．试验过程应有专人监护并呼唱，当出现异常情况时，应立即停止试验	分闸时间：35～45ms； 合闸时间：35～45ms； 触头开距：(10±1)mm； 压缩行程：(3±1)mm； 平均合闸速度：0.7～1m/s； 平均分闸速度：1～1.4m/s； 分、合闸同期性：≤1ms； 触头合闸弹跳时间：≤2ms； 油缓冲与螺杆作用的间隙行程：13_{0}^{+2}mm； 动、静触头允许磨损累计厚度：3mm； 速度行程曲线
	7	1min 工频耐压测量	1.应进行相间/相对地及断口的工频耐压试验。 2．将断路器处于合闸位置进行相间/相对地的工频耐压试验，在进行相间工频耐压试验时，应将非被试项接地。进行断口工频耐压试验时，将断路器处于分闸状态，断口的一端短路接地，另外一端施加工频耐压值	1．检查试验接线正确无误。 2．接线时应注意将高压引线与地及周边的物体保持一定的安全距离。 3．试验过程应有专人监护并呼唱，防止其他人员误入试验区域。 4．试验过程中如异常情况，应立即停止试验，查明原因。 5．试验完毕应充分放电	主回路合闸对地：42kV； 主回路分闸断口间：42kV

思考与练习答案

1．答：（1）当操作者试图将手车由“试验”位置推入到“工作”位置时，若接地开关还处于合闸状态或接地开关手柄还没有取下，开关柜上的机械联锁装置将阻止手车状态的变化。只有让接地开关分闸，并取下接地开关操作手柄时，手车才允许进入到“工作”。

（2）手车往“工作”位置进入的过程中，机械连锁装置立即将接地开关的操作手柄插入口封闭起来，这种状态一直保持到手车重新回到“试验”位置并定位才结束。

2．答：高压开关柜的观察窗应使用机械强度与外壳相当的内有接地屏蔽网的钢化玻璃遮板。玻璃遮板应安装紧固，位置应满足观察需要。

因为从目前现场产品情况看，选择的观察窗材料既有有机玻璃也有钢化玻璃，玻璃结构分为双层或单层，且厚度也存在差异，无论选择何种材料和结构都必须满足故障时能够承受电弧电流的烧蚀和热膨胀冲击，即要求观察窗应使用机械强度与外壳相当的内有接地屏蔽网的钢化玻璃遮板。

3．答：（1）处于合闸状态时，通过断路器操动机构输出主轴上的拐臂的运动，带动相关传动装置，使得底盘车上的丝杆被锁板锁住而无法转动，从而使手车无法从定位状态转变为可移动状态，此时将无法移动手车。只有让断路器分闸后，丝杆才被解锁，手车才能从定位状态转变为可移动状态。

（2）断路器手车未正确处于“试验”位置或“工作”位置时，底盘车上的丝杆锁板将向上运动，带动相关传动装置，阻挡断路器合闸单元相关部件的运动，使电动（或手动）合闸均无法进行，从而保证了运行的安全。